Stock Market USA Book pour les débutants

Guide d'investissement pour Learning & Comprendre les bases

Par Brian Mahoney

Table des matières

Introduction

Chapitre 1 Les fondements du marché boursier

Chapitre 2 Les avantages et les risques de l'investissement

Chapitre 3 Se préparer au succès

Chapitre 4 Types d'investissements en bourse

Chapitre 5 Construire sa stratégie d'investissement

Chapitre 6 Analyser les actions - Comment prendre des décisions d'investissement en connaissance de cause ?

Chapitre 7 Gérer les risques et diversifier son portefeuille

Chapitre 8 Le pouvoir de la constance - Construire une richesse à long terme

Chapitre 9 Stratégies fiscales et optimisation du rendement des investissements

Chapitre 10 Tout réunir - Votre feuille de route pour réussir vos investissements

Conclusion Glossaire

Matériel et fournitures logicielles nécessaires pour commencer

Ressources

Clause de non-responsabilité

Les informations fournies dans ce livre sont uniquement destinées à des fins éducatives et ne doivent pas être considérées comme des conseils financiers ou d'investissement. Les stratégies, techniques et opinions exprimées ici sont basées sur des connaissances générales et une expérience personnelle. L'investissement en bourse comporte des risques, y compris la perte potentielle du capital. Les performances passées ne sont pas indicatives des résultats futurs.

L'auteur, l'éditeur et toutes les parties associées ne sont pas responsables des décisions d'investissement prises sur la base des informations contenues dans ce livre. Avant de prendre toute décision financière, le lecteur doit consulter un conseiller financier qualifié ou effectuer ses propres recherches afin de s'assurer que ses choix d'investissement correspondent à ses objectifs financiers et à sa tolérance au risque.

En utilisant ce livre, vous reconnaissez que vous comprenez les risques liés à l'investissement et que toute action entreprise sur la base du contenu fourni est à votre seule discrétion.

Introduction

Bienvenue dans le monde de l'investissement boursier, où des opportunités de croissance financière et d'indépendance attendent ceux qui sont prêts à apprendre, à planifier et à agir. Que vous soyez ici parce que vous en avez assez de voir vos économies croître à un rythme d'escargot sur un compte bancaire traditionnel, ou parce que vous avez entendu des histoires de réussite de personnes qui se sont enrichies en investissant en bourse, ce livre est votre porte d'entrée vers un meilleur avenir financier.

Si l'idée d'investir vous semble insurmontable - jargon sibyllin, graphiques fluctuants et risques intimidants - vous n'êtes pas seul. De nombreux débutants ressentent la même chose au départ. Cependant, avec les bons conseils et une solide compréhension des principes de base, vous vous rendrez vite compte que le marché boursier n'est pas aussi mystérieux qu'il n'y paraît. En fait, il s'agit de l'une des méthodes les plus accessibles et les plus éprouvées pour se constituer un patrimoine à long terme, quel que soit votre point de départ.

Ce livre est spécialement conçu pour les débutants comme vous. Notre mission est de décomposer le monde apparemment complexe de l'investissement en étapes gérables et pratiques que vous pouvez mettre en œuvre immédiatement. Vous n'avez pas besoin d'un diplôme en finance ou d'une formation en économie pour commencer. Tout ce dont vous avez besoin, c'est de curiosité, d'engagement et de volonté d'apprendre.

Voici ce à quoi vous pouvez vous attendre lorsque nous entreprendrons ce voyage ensemble :

    Connaissances fondamentales : Vous apprendrez les principes fondamentaux du fonctionnement du marché boursier, les raisons pour lesquelles les entreprises émettent des actions et comment les investisseurs comme vous peuvent en bénéficier.

    Des stratégies claires : Nous explorerons différents types d'investissements - actions individuelles, fonds communs de placement, ETF, etc. - afin que vous puissiez prendre des décisions éclairées en fonction de vos objectifs et de votre tolérance au risque.

    Outils et techniques : De la compréhension des états financiers à l'utilisation des plateformes de négociation, vous acquerrez les compétences pratiques nécessaires pour naviguer en toute confiance sur le marché.

Un état d'esprit propice à la réussite : Un investissement réussi n'est pas qu'une question de chiffres, c'est aussi une question de discipline, de patience et de perspective à long terme. Nous verrons comment développer le bon état d'esprit pour rester sur la bonne voie.

Avant tout, ce livre met l'accent sur la simplicité. Vous n'avez pas besoin de suivre chaque nouvelle tendance ou de faire du day trade de manière obsessionnelle pour réussir. Au contraire, vous apprendrez des stratégies éprouvées qui se concentrent sur une croissance régulière et durable. L'investissement est un marathon, pas un sprint, et ce livre vous fournira les outils nécessaires pour maintenir le cap et atteindre vos objectifs financiers.

À la fin de ce livre, vous comprendrez non seulement les mécanismes du marché boursier, mais vous vous sentirez également en confiance pour faire vos premiers pas en tant qu'investisseur. Que vous cherchiez à constituer un fonds de retraite, à épargner en vue d'un événement majeur de la vie ou simplement à accroître votre patrimoine, les connaissances que vous acquerrez ici vous serviront de base pour réussir.

Alors, commençons. Votre voyage vers l'autonomie financière commence maintenant.

Chapitre 1 :
Les fondements de la bourse

1.1 Qu'est-ce que la bourse ?

Définition : Marché où acheteurs et vendeurs échangent des actions de sociétés cotées en bourse.
Objectif : Aider les entreprises à lever des capitaux tout en offrant aux investisseurs des possibilités de rendement.
Analogie : Le marché boursier en tant que supermarché pour la propriété des entreprises.

1.2 Comment fonctionne le marché boursier

Bourses de valeurs : Plates-formes centralisées comme le New York Stock Exchange (NYSE) et le NASDAQ où se déroulent les transactions.
Participants au marché :
    Investisseurs : Particuliers, institutions et gouvernements. Courtiers :
    Intermédiaires qui mettent en relation les acheteurs et les vendeurs.
    Teneurs de marché : Entités assurant la liquidité en proposant en permanence des prix d'achat et de vente.
Heures de négociation : Horaires typiques des marchés boursiers (par exemple, de 9 h 30 à 16 h 00, heure française, aux États-Unis).

1.3 Concepts clés à connaître

Actions : Unités de propriété d'une entreprise.
Prix des actions : Déterminé par l'offre, la demande et le sentiment des investisseurs.
Capitalisation boursière : La valeur totale des actions d'une entreprise, qui indique sa taille.
Indices : Indices de référence tels que le S&P 500, le Dow Jones et le NASDAQ Composite, qui permettent de suivre les performances globales du marché.

1.4 Pourquoi les entreprises font-elles appel public à l'épargne ?

Premier appel public à l'épargne (IPO) : La première vente d'actions d'une entreprise au public pour lever des fonds.
Avantages pour les entreprises : Accès aux capitaux pour la croissance, le remboursement des dettes ou les acquisitions.
Ce que cela signifie pour les investisseurs : Les introductions en bourse sont l'occasion de participer à la croissance à un stade précoce.

1.5 Types de marchés boursiers

Marché primaire : Il s'agit de l'endroit où les nouvelles actions sont émises (par exemple, lors d'une introduction en bourse).
Marché secondaire : Les actions précédemment émises sont échangées entre les investisseurs.

1.6 Les acteurs du marché boursier

Investisseurs individuels : Les particuliers qui achètent des actions par l'intermédiaire de courtiers ou de plateformes en ligne.
Investisseurs institutionnels : Les grandes organisations telles que les fonds de pension, les fonds communs de placement et les fonds spéculatifs.
Les régulateurs : Organismes tels que la Securities and Exchange Commission (SEC), qui garantissent des pratiques équitables et transparentes.

1.7 Perspective historique sur le marché boursier

Les origines : Les premières transactions boursières à Amsterdam et la création de la Bourse de New York en 1792.
Les grandes étapes : La Grande Dépression, la bulle Internet et les crises financières qui ont façonné l'investissement moderne.
L'évolution technologique : De la négociation en salle aux transactions numériques à grande vitesse.

1.8 Pourquoi la bourse est importante pour vous

Croissance financière personnelle : Construire un patrimoine au fil du temps grâce à la capitalisation.
Indicateur économique : Reflet de la santé des industries et des économies.
Accès à l'innovation : Investir dans les industries de pointe et les startups qui façonnent l'avenir.

1.9 Dissiper les mythes courants

"La bourse n'est qu'un jeu de hasard.
   Contrepoint : L'investissement est basé sur la recherche et la stratégie, contrairement aux jeux de hasard.
"Il faut être riche pour investir.
   Contrepoint : Les plates-formes permettent désormais de démarrer avec un montant aussi faible que $5.
"C'est trop compliqué pour les débutants.
   Contrepoint : L'éducation et des stratégies simples la rendent accessible.

Conclusion :

En comprenant les fondements du marché boursier, vous faites le premier pas pour devenir un investisseur confiant. Dans le prochain chapitre, nous examinerons les avantages et les risques, afin de vous aider à déterminer si l'investissement correspond à vos objectifs.

Chapitre 2 : Les avantages et les risques de l'investissement

2.1 Les récompenses potentielles de l'investissement

Investir sur le marché boursier peut offrir des avantages significatifs si l'on s'y prend de manière judicieuse :

La construction de la richesse au fil du temps :

Exemple : Rendements historiques moyens de 7 à 10 % par an pour le S&P 500.
Explication de la manière dont les intérêts composés amplifient les rendements sur plusieurs décennies.

Vaincre l'inflation :

Pourquoi il ne suffit pas d'épargner ; la bourse permet de préserver et d'accroître le pouvoir d'achat.

Génération de revenus :

Les actions à dividendes comme source de revenus passifs.

Propriété des entreprises :

L'achat d'actions fait de vous un copropriétaire de l'entreprise et vous permet de bénéficier de son succès.

Flexibilité et liquidité :

Les actions peuvent être vendues à leur valeur de marché, ce qui offre une certaine liquidité par rapport à d'autres investissements tels que l'immobilier.

2.2 Comprendre les risques de l'investissement en bourse

Toute opportunité s'accompagne d'inconvénients potentiels. La sensibilisation et la préparation sont essentielles :

Volatilité des marchés :

Les prix peuvent augmenter et diminuer fortement en fonction de l'actualité, de la situation économique ou du sentiment des investisseurs.

Exemple : Chutes lors d'événements tels que la crise financière de 2008 ou la pandémie de 2020.

Risques propres à l'entreprise :

Une mauvaise gestion, la concurrence ou des scandales peuvent faire chuter les actions individuelles.

Risques économiques :

Les récessions, les changements de taux d'intérêt et les événements géopolitiques affectant des secteurs ou des marchés entiers.

Risque de liquidité :

Certains titres de petite taille peuvent être difficiles à vendre rapidement sans que leur prix en soit affecté.

L'investissement émotionnel :

La peur et l'avidité conduisent à de mauvaises décisions, comme les ventes de panique lors des baisses de marché.

2.3 Équilibrer les risques et les bénéfices

Le compromis risque-rendement :

Des rendements potentiels plus élevés s'accompagnent souvent de risques plus importants.

Exemple : Comparaison entre des actions de premier ordre plus sûres et des actions spéculatives à haut risque.

Le rôle du temps :

Comment l'investissement à long terme atténue la volatilité à court terme. L'accent est mis sur la patience et la discipline.

La diversification comme bouclier :

Répartir les investissements entre les différents secteurs et classes d'actifs afin de réduire les risques.

2.4 Gérer efficacement les risques

Des stratégies concrètes pour minimiser l'exposition aux pertes

: Allocation d'actifs :

Répartir les investissements entre actions, obligations et liquidités en fonction de vos objectifs et de votre tolérance au risque.

Diversification du portefeuille :

Éviter la concentration sur une action, un secteur ou une zone géographique. Exemple : Un portefeuille équilibré comprenant des actions des secteurs de la technologie et de la santé, des biens de consommation et de l'énergie.

Définir des ordres de vente stop :

Automatiser les ventes si les prix des actions tombent à un niveau prédéfini afin de limiter les pertes.

Éviter l'effet de levier :

Risques liés au fait d'emprunter de l'argent pour investir.

S'éduquer soi-même :

Se tenir informé du marché et des tendances actuelles.

2.5 Aligner les risques sur votre profil personnel

Évaluation de la tolérance au risque :
Des questions pour déterminer si vous êtes conservateur, modéré ou agressif.
Exemple : Comment vous sentiriez-vous si votre portefeuille chutait de 20 % en une semaine ?
Considérations sur les étapes de la vie :
Les jeunes investisseurs peuvent prendre plus de risques pour une croissance à long terme.
Les retraités peuvent donner la priorité à la stabilité et au revenu.

2.6 Études de cas : Équilibrer les risques et les bénéfices

Histoire d'une réussite :

Un jeune investisseur qui utilise des fonds indiciels pour se constituer un patrimoine sur 30 ans.

Mise en garde :

Un trader spéculateur qui perd de l'argent en suivant des "bons tuyaux" sans faire de recherches.

Conclusion :

Investir sur le marché boursier offre des avantages considérables mais comporte des risques inhérents. Comprendre ces risques et la manière de les gérer vous permettra de prendre des décisions en toute connaissance de cause et en toute confiance. Le chapitre suivant vous guidera dans la mise en place d'une base solide pour l'investissement, en commençant par des objectifs clairs et les bons outils.

Chapitre 3 : Se préparer à la réussite

3.1 Définir vos objectifs financiers

Avant d'investir, il est essentiel de définir des objectifs clairs. Tenez compte de ces objectifs communs :

Objectifs à court terme : Épargner pour une voiture, des vacances ou un fonds d'urgence (délai : 1 à 3 ans).

Types d'investissement : Comptes d'épargne à haut rendement ou ETF prudents.

Objectifs à moyen terme : Acheter une maison, financer des études ou créer une entreprise (horizon : 3 à 10 ans).

Types d'investissement : Combinaison équilibrée d'actions et d'obligations.

Objectifs à long terme : Retraite ou constitution d'un patrimoine (horizon : 10 ans ou plus).

Types d'investissement : Fonds indiciels à base large, actions de croissance et actions à dividendes.

Mesure à prendre : Rédigez vos objectifs avec des échéances afin de clarifier votre objectif d'investissement.

3.2 Évaluer votre tolérance au risque

Pour construire un portefeuille qui vous corresponde, il est essentiel de savoir quel niveau de risque vous êtes prêt à prendre :

Niveaux de tolérance au risque :

Conservateur : Priorité à la préservation du capital avec des rendements plus faibles.

Modéré : Prêt à accepter un risque modéré pour une croissance équilibrée.

Agressif : Il est à l'aise avec la volatilité pour obtenir des rendements potentiels plus élevés.

Facteurs influençant la tolérance au risque :

Âge : les jeunes investisseurs ont généralement une tolérance au risque plus élevée en raison de leur horizon temporel plus long.

Stabilité des revenus et obligations financières : Des revenus stables permettent de prendre des risques plus élevés.

Personnalité : comment vous gérez le stress en cas de baisse des marchés.

Mesure à prendre : Répondez à un questionnaire sur la tolérance au risque pour évaluer votre niveau de confort.

3.3 Mise en place d'un fonds d'urgence

Avant d'investir, assurez-vous de disposer d'un filet de sécurité financier :

Pourquoi c'est essentiel : Il vous évite d'avoir à vendre vos investissements en cas d'urgence.

Combien faut-il épargner ? 3 à 6 mois de dépenses courantes sur un compte très liquide et peu risqué.

Où le conserver : Comptes d'épargne à haut rendement ou fonds du marché monétaire.

Mesures à prendre : Calculez vos dépenses mensuelles et commencez à constituer votre fonds d'urgence si vous n'en avez pas déjà un.

3.4 Choisir le bon compte de courtage

Votre compte de courtage est votre porte d'entrée sur le marché boursier. Points essentiels à prendre en compte :

Types de comptes :

Compte de courtage standard : Il offre une grande flexibilité sans aucune restriction sur les retraits.

Comptes de retraite : Comptes fiscalement avantageux tels que les IRA ou les 401(k) pour les objectifs à long terme.

Caractéristiques à rechercher :

- Frais et commissions réduits
- Plateformes conviviales
- Accès aux outils de recherche et aux ressources éducatives
- Disponibilité du service clientèle

Courtiers en ligne populaires pour les débutants :

Fidelity, Charles Schwab, TD Ameritrade, Robinhood et E*TRADE.

Mesures à prendre : Comparez les sociétés de courtage et choisissez celle qui correspond à vos besoins.

3.5 Comprendre les exigences en matière d'investissement initial

Commencer petit : De nombreux courtiers vous permettent de commencer avec seulement 5 $ en utilisant des actions fractionnées.

Établir un budget pour les investissements : Consacrez un pourcentage de votre revenu, par exemple 10 à 20 %, à l'investissement.

Éviter l'exagération : N'investissez que ce que vous pouvez vous permettre de perdre sans affecter vos dépenses essentielles.

Mesure à prendre : Déterminez le montant de votre investissement initial et fixez-vous un objectif de cotisation mensuelle.

3.6 Construire le bon état d'esprit pour réussir

Pour investir avec succès, il ne suffit pas d'avoir de l'argent, il faut aussi un bon état d'esprit :

La patience : Comprenez que la constitution d'un patrimoine prend du temps.

Discipline : Restez fidèle à votre stratégie, même en cas de fluctuations du marché.

Apprentissage continu : Rester curieux et informé des tendances et des stratégies du marché.

Maîtrise des émotions : Évitez les décisions impulsives motivées par la peur ou l'appât du gain.

Mesure à prendre : Engagez-vous à penser à long terme en écrivant des affirmations sur votre parcours d'investissement.

3.7 Mise en place de contributions automatiques

L'automatisation de vos investissements simplifie le processus et garantit la cohérence :

Avantages :

Élimine la tentation d'anticiper le marché. Construit un

patrimoine de manière régulière au fil du temps.

Comment automatiser :

Mettez en place des virements récurrents de votre banque vers votre compte de courtage.

Utiliser des robo-advisors pour une gestion automatisée du portefeuille.

Mesure à prendre : Mettez en place un virement mensuel automatique sur votre compte de courtage.

3.8 Suivi des progrès et adaptation des objectifs

Vos objectifs financiers et votre situation peuvent évoluer au fil du temps. Des révisions régulières vous aideront à rester sur la bonne voie :

Suivez la performance de votre portefeuille : Comparez les rendements à vos objectifs de référence.

Réexaminer les objectifs : Ajustez les délais ou les contributions si nécessaire.

Rester flexible : Soyez prêt à modifier vos stratégies en fonction des changements de vie.

Mesures à prendre : Planifiez des rencontres trimestrielles pour faire le point sur vos objectifs et votre portefeuille.

Conclusion :

En vous fixant des objectifs clairs, en vous préparant financièrement et en choisissant les bons outils, vous posez des bases solides pour réussir en bourse. Le prochain chapitre abordera les différents types d'investissement disponibles pour vous aider à diversifier et à optimiser votre portefeuille.

Chapitre 4 : Types de Investissements en bourse

4.1 Actions ordinaires

Définition : Action représentant la propriété d'une société, avec droit de vote aux assemblées d'actionnaires.

Caractéristiques principales :

Offre un potentiel d'appréciation du capital au fur et à mesure de la croissance de l'entreprise.

Peut verser des dividendes, mais n'est pas garanti.

Exemple : Apple (AAPL) ou Tesla (TSLA) : Apple (AAPL) ou Tesla (TSLA).

Pour :

Potentiel de croissance élevé.

Les droits de vote permettent aux actionnaires de s'exprimer sur les décisions importantes de l'entreprise.

Cons :

Risque accru de volatilité des prix.

Les paiements de dividendes peuvent fluctuer ou cesser en cas de difficultés financières.

4.2 Actions privilégiées

Définition : Un type d'action qui offre des paiements de dividendes fixes et une priorité sur les actionnaires ordinaires en cas de liquidation.

Caractéristiques principales :

En règle générale, il n'y a pas de droit de vote.

Revenu plus stable que les actions ordinaires.

Pour :

Revenu de dividendes fiable.

Volatilité plus faible que celle des actions ordinaires.

Cons :

Potentiel de croissance limité par rapport aux actions ordinaires.

Moins de liquidité sur le marché.

4.3 Fonds négociés en bourse (ETF)

Définition : Fonds d'investissement négociés en bourse, qui détiennent un portefeuille diversifié d'actifs.

Caractéristiques principales :

Il suit des indices (par exemple, le S&P 500), des secteurs ou des thèmes spécifiques.

Exemple : SPDR S&P 500 ETF (SPY) ou Vanguard Total Stock Market ETF (VTI).

Pour :

Diversification instantanée.

Des ratios de dépenses et des frais de gestion peu

élevés. Facilité d'achat et de vente comme des actions

individuelles.

Cons :

Aucun contrôle sur les actifs individuels du fonds.

Potentiel de gain limité par rapport à la sélection individuelle des titres.

4.4 Fonds communs de placement

Définition : Fonds d'investissement regroupant des fonds provenant de plusieurs investisseurs et investissant dans un portefeuille d'actifs géré par des professionnels.

Caractéristiques principales :

Géré activement par des gestionnaires de fonds.

Exemple : Fidelity Contrafund ou Vanguard 500 Index Fund.

Pour :

La gestion professionnelle simplifie l'investissement. La diversification réduit les risques.

Cons :

Frais plus élevés que ceux des ETF.

La performance du fonds peut ne pas être constamment supérieure à celle du marché.

4.5 Fonds indiciels

Définition : Type d'OPCVM ou d'ETF qui suit un indice de marché spécifique, comme le S&P 500 ou le NASDAQ.

Caractéristiques principales :

Géré passivement pour refléter la performance de l'indice.

Pour :

Des frais extrêmement bas.

Des rendements historiquement fiables sur le long terme.

Cons :

    Limité à la performance de l'indice qu'il suit.

    Pas de flexibilité pour ajuster les avoirs en cas de changement de marché.

4.6 Actions à dividendes

Définition : Actions de sociétés qui distribuent régulièrement une partie de leurs bénéfices aux actionnaires sous forme de dividendes.

Caractéristiques principales :

    Exemples : Coca-Cola (KO) ou Procter & Gamble (PG). Les dividendes

    peuvent être réinvestis pour composer la croissance.

Pour :

    Revenu fiable, même en cas de baisse des marchés. Potentiel de revenu

    et d'appréciation du capital.

Cons :

    Les paiements de dividendes ne sont pas garantis.

    Potentiel de croissance plus faible que les valeurs à forte croissance.

4.7 Actions de croissance

Définition : Actions de sociétés dont la croissance des bénéfices devrait être supérieure à la moyenne du marché.

Caractéristiques principales :

    Exemples : Amazon (AMZN) ou Nvidia (NVDA).

Réinvestissent souvent les bénéfices dans l'expansion plutôt que de verser des dividendes.

Pour :

Potentiel élevé de gains en capital importants. Représente des

industries innovantes et performantes.

Cons :

Risque et volatilité accrus.

Les retours sur investissement peuvent prendre des années à se matérialiser.

4.8 Actions de valeur

Définition : Actions négociées à un prix inférieur à celui de leurs fondamentaux (par exemple, bénéfices, dividendes).

Caractéristiques principales :

Exemples : JPMorgan Chase (JPM) ou Berkshire Hathaway (BRK.A).

Il s'agit souvent d'entreprises matures dont les revenus sont stables.

Pour :

Possibilité d'appréciation du prix à mesure que le marché "corrige" la sous-évaluation.

Risque de baisse plus faible que pour les actions spéculatives.

Cons :

La croissance peut être plus lente que les moyennes du

marché. Il faut de la patience pour obtenir des résultats.

4.9 Investissements sectoriels

Définition : Investissements ciblés dans des secteurs spécifiques tels que la technologie, la santé, l'énergie ou l'immobilier.

Caractéristiques principales :

Exemples : Les ETF technologiques ou les fonds d'investissement immobilier (REIT).

Pour :

Permet de cibler des secteurs à forte croissance ou à forte demande.

Améliore la diversification du portefeuille.

Cons :

Risque concentré dans un seul secteur.

Vulnérabilité aux ralentissements propres à

l'industrie.

4.10 Équilibrer votre portefeuille avec différents types de produits

L'importance de la diversification : En répartissant vos investissements entre différents types de placements, vous réduisez le risque global.

Exemple d'allocation de portefeuille pour les débutants

: 60 % en fonds indiciels ou en ETF.

20 % en actions à dividendes. 10 % en

actions de croissance.

10 % d'investissements sectoriels.

Mesures à prendre : Commencez par sélectionner un ou deux types d'investissement correspondant à vos objectifs et élargissez progressivement votre champ d'action au fur et à mesure que vous gagnez en confiance.

Conclusion :

Comprendre les différents types d'investissements boursiers est la première étape de la création d'un portefeuille bien équilibré. Le chapitre suivant vous apprendra à développer des stratégies pour combiner ces investissements en fonction de vos objectifs personnels et de votre tolérance au risque.

Chapitre 5 : Élaborer votre stratégie d'investissement

5.1 L'importance d'une stratégie

Investir sans plan précis, c'est comme naviguer sans carte. Voici pourquoi une stratégie est essentielle :

Guide vos décisions : Vous permet de rester en phase avec vos objectifs financiers.

Vous prépare à la volatilité : Réduit la prise de décision émotionnelle lors des fluctuations du marché.

Optimise vos ressources : Veille à ce que votre argent travaille efficacement pour vous.

Idée maîtresse : Une bonne stratégie équilibre le risque et la récompense tout en s'adaptant à votre situation personnelle.

5.2 Fixer vos objectifs d'investissement

Votre stratégie commence par la définition de vos objectifs.

Objectifs à court terme : Objectifs à atteindre dans un délai de 1 à 3 ans, tels que l'épargne pour le versement initial d'une maison.

Exemple de stratégie : Privilégier les investissements à faible risque comme les obligations ou les fonds du marché monétaire.

Objectifs à long terme : Objectifs à plus de 10 ans, comme la retraite.

Exemple de stratégie : Privilégier les investissements de croissance comme les actions et les fonds indiciels.

Objectifs combinés : Équilibrer des échéances multiples avec des portefeuilles diversifiés.

Mesure à prendre : Notez vos objectifs et les délais pour les atteindre.

5.3 Déterminer la répartition des actifs

L'allocation d'actifs est la manière dont vous répartissez vos investissements entre les différentes classes d'actifs, telles que les actions, les obligations et les liquidités.

Pourquoi c'est important :

Contrôle le profil risque-rendement de votre portefeuille.

S'aligne sur vos objectifs financiers et votre tolérance au

risque.

Modèles d'allocation courants :

Agressif : 80-90% en actions, 10-20% en obligations/espèces. Modéré

: 60-70 % en actions, 30-40 % en obligations/espèces. Conservateur :

30-50% en actions, 50-70% en obligations/espèces.

Ajustement au fil du temps :

Adopter une répartition plus prudente à l'approche de la retraite.

Exemple de règle : La règle "110 moins l'âge" - Soustrayez votre âge de 110 pour déterminer le pourcentage d'actions dans votre portefeuille.

Mesure à prendre : Choisissez une répartition des actifs qui reflète vos objectifs et votre tolérance au risque.

5.4 La diversification : Répartir les risques entre les différents investissements

La diversification protège votre portefeuille en réduisant la dépendance à l'égard d'un seul investissement.

Que diversifier ?

Dans toutes les catégories d'actifs : Actions, obligations, ETF, immobilier,
etc.

Au sein des classes d'actifs : Investir dans différents secteurs, industries et zones géographiques.

Pourquoi ça marche :

Un investissement peu performant est compensé par des investissements plus performants.

Exemple : Les valeurs technologiques peuvent chuter, mais les valeurs du secteur de la santé peuvent augmenter en période de récession.

Mesure à prendre : Construire un portefeuille avec une combinaison d'actifs et de secteurs afin de réduire le risque global.

5.5 Choisir entre les stratégies actives et passives

L'investissement actif :

Il s'agit d'acheter et de vendre fréquemment des actions afin d'obtenir de meilleurs résultats que le marché.

Nécessite beaucoup de recherche, de temps et d'expertise.

Exemple : La sélection de titres ou l'investissement dans des fonds gérés activement.

L'investissement passif :

Il vise à égaler les performances du marché plutôt qu'à les surpasser.

Exemple : Investir dans des fonds indiciels ou des ETF.

Quelle est la meilleure solution pour vous ?

Les débutants bénéficient souvent de stratégies passives pour leur simplicité et leurs coûts réduits.

Mesure à prendre : Décidez si vous préférez investir de manière active ou passive.

5.6 Le système d'achats périodiques par sommes fixes : Une approche conviviale pour les débutants

Qu'est-ce que c'est ? Investir régulièrement un montant fixe, quelles que soient les conditions du marché.

Comment cela fonctionne-t-il ?

Il achète plus d'actions lorsque les prix sont bas et moins lorsque les prix sont élevés.

Réduit l'impact de la volatilité du marché. Exemple :

Investir 200 $ par mois dans un ETF.

Pourquoi c'est efficace :

Simplifie l'investissement et élimine la tentation d'anticiper le marché.

Mesure à prendre : Mettez en place des cotisations automatiques pour mettre en œuvre la méthode des achats périodiques par sommes fixes.

5.7 Rééquilibrer votre portefeuille

Qu'est-ce que c'est ? Ajuster périodiquement votre portefeuille afin de maintenir la répartition des actifs souhaitée.

Pourquoi c'est important :

Évite la surexposition à une classe d'actifs en particulier.

Bloque les gains et s'aligne sur votre tolérance au risque.

Exemple : Si les actions passent de 60 % à 75 % de votre portefeuille, vendez quelques actions ou ajoutez des obligations pour rééquilibrer.

Quelle est la fréquence de rééquilibrage ?

Annuellement ou lorsque les allocations s'écartent de manière significative de votre objectif.

Mesure à prendre : Planifiez un examen annuel pour rééquilibrer votre portefeuille.

5.8 Gérer les pièges émotionnels

Éviter les erreurs courantes :

La peur de manquer (FOMO) : Acheter des actions qui font l'objet d'un battage médiatique.

La vente panique : Réaction émotionnelle aux baisses du marché.

Excès de confiance : Prendre des risques excessifs après quelques victoires.

Stratégies pour rester discipliné : Se concentrer sur des objectifs à long terme.

Ignorez les bruits quotidiens du marché et le sensationnalisme des médias. Restez fidèle à votre plan, même en période de volatilité.

Mesure à prendre : Créez une liste de contrôle pour vous rappeler votre stratégie à long terme en cas de turbulences sur les marchés.

5.9 Études de cas : Applications concrètes Étude de

cas 1 : Portefeuille de croissance d'un débutant

Investisseur : 30 ans épargnant pour la retraite.

Stratégie : 80% en fonds indiciels, 10% en ETF sectoriels, 10% en obligations.

Résultat : Croissance régulière sur 10 ans grâce à l'utilisation de la méthode des achats périodiques par sommes fixes.

Étude de cas n° 2 : une approche conservatrice pour un investisseur proche de la retraite : une personne de 60 ans qui se prépare à prendre sa retraite.

Stratégie : 40 % d'actions à dividendes, 40 % d'obligations, 20 % de FPI.

Résultat : Un revenu constant avec un risque minimal.

Conclusion :

Une stratégie d'investissement bien conçue est votre plan d'action pour atteindre la réussite financière. En fixant des objectifs clairs, en diversifiant votre portefeuille et en gérant vos émotions, vous pouvez naviguer sur le marché boursier en toute confiance. Dans le prochain chapitre, nous nous pencherons sur l'analyse des actions et la lecture des rapports financiers afin de prendre des décisions d'investissement en toute connaissance de cause.

Chapitre 6 : Analyser les actions - Comment prendre des décisions d'investissement en connaissance de cause ?

6.1 L'importance de l'analyse des actions

Investir dans les actions n'est pas un jeu de hasard lorsque l'on dispose des bonnes informations. L'analyse des actions vous aide :

Comprendre la santé de l'entreprise : Évaluer la solidité et la stabilité financières.

Évaluer le potentiel de croissance : Identifier les possibilités d'appréciation du capital.

Gérer le risque : éviter les entreprises surévaluées ou peu performantes.

Idée maîtresse : Un bon investisseur est aussi un bon chercheur.

6.2 L'analyse fondamentale : Approfondir les principes de base

L'analyse fondamentale évalue la valeur intrinsèque d'une entreprise en examinant ses performances financières et commerciales.

6.2.1 Comprendre les états financiers Compte de résultat

(Profit & Loss Statement) :

Suivi des recettes, des dépenses et du revenu net.

Indicateurs clés : Croissance du chiffre d'affaires, marge bénéficiaire nette.

Exemple : Une entreprise dont le chiffre d'affaires augmente et dont les marges sont stables est rentable.

Bilan :

Liste des actifs, des passifs et des capitaux propres d'une entreprise.

Indicateurs clés : Ratio d'endettement, ratio de liquidité générale.

Exemple : Une entreprise fortement endettée par rapport à ses fonds propres peut être financièrement instable.

Tableau des flux de trésorerie :

Indique comment les liquidités sont générées et utilisées.

Indicateurs clés : Flux de trésorerie disponible, flux de trésorerie d'exploitation.

Exemple : Un flux de trésorerie positif indique que l'entreprise peut poursuivre ses activités et sa croissance.

6.2.2 Principaux ratios financiers

Ratio cours/bénéfice (P/E) :

Mesure le prix de l'action par rapport au bénéfice par action (BPA).

Un ratio C/B élevé peut indiquer une surévaluation, tandis qu'un ratio C/B faible peut être le signe d'une bonne affaire.

Ratio dettes/capitaux propres (D/E) :

Compare la dette totale aux capitaux propres. Des

ratios plus faibles sont souvent synonymes de stabilité

financière.

Rendement des capitaux propres (ROE) :

Montre comment la direction utilise efficacement les fonds propres pour générer des profits.

Un ROE plus élevé indique une meilleure efficacité.

Mesure à prendre : Utilisez des ressources gratuites telles que Yahoo Finance ou Morningstar pour accéder aux états financiers et aux ratios.

6.3 Analyse technique : Comprendre les tendances du marché

L'analyse technique se concentre sur l'évolution du cours des actions et sur le volume des transactions afin d'identifier des modèles.

6.3.1 Graphiques et modèles courants

Graphiques linéaires : Permet de suivre l'évolution du cours des actions dans le temps ; idéal pour les débutants.

Graphiques en chandeliers : Fournit des informations détaillées sur les mouvements de prix au cours d'une période donnée.

Modèles clés :

Tête et épaules : Indique un renversement potentiel de la tendance.

Double fond : Indique un renversement de tendance haussier (vers le haut).

6.3.2 Indicateurs techniques

populaires Moyennes mobiles :

La moyenne mobile simple (SMA) lisse les données de prix pour une vision plus claire de la tendance.

Exemple : Le franchissement de la SMA 50 jours au-dessus de la SMA 200 jours est souvent un signal haussier.

Indice de force relative (IFR) :

Mesure les conditions de surachat ou de survente (échelle de 0-100).

RSI supérieur à 70 : l'action peut être surachetée. RSI inférieur à 30 : L'action peut être survendue.

Analyse en volume :

L'augmentation du volume confirme la force d'une tendance de prix.

Mesure à prendre : Utilisez des plateformes comme TradingView pour vous entraîner à lire les graphiques et à appliquer les indicateurs techniques.

6.4 Analyse qualitative : Au-delà des chiffres

Examinez les facteurs qui affectent le succès à long terme d'une entreprise mais qui ne sont pas toujours reflétés dans les données financières.

6.4.1 Gestion et leadership

Évaluer l'expérience, la réputation et les antécédents des dirigeants de l'entreprise.

Exemple : Un PDG qui a déjà réussi des redressements peut être le signe d'un leadership fort.

6.4.2 Avantage concurrentiel (Moat)

Les entreprises ayant des produits uniques, une fidélité à la marque ou des avantages en termes de coûts sont souvent plus performantes que leurs concurrents.

Exemple : La notoriété mondiale de la marque Coca-Cola constitue un avantage concurrentiel important.

6.4.3 Tendances de l'industrie

Identifier les secteurs en croissance et les entreprises bien placées pour en bénéficier.
Exemple : Les énergies renouvelables devraient connaître une croissance importante au cours de la prochaine décennie.

Mesure à prendre : Lisez les rapports annuels et les nouvelles du secteur pour comprendre les facteurs qualitatifs.

6.5 Évaluation de la valeur des actions

Déterminer si une action est surévaluée, sous-évaluée ou équitablement évaluée permet d'orienter les décisions d'achat.

6.5.1 Approche de la valeur intrinsèque

Calculer la valeur actuelle des flux de trésorerie futurs d'une entreprise.

Outils : Analyse des flux de trésorerie actualisés (DCF).

6.5.2 Approche de l'évaluation relative

Comparez les paramètres d'une action (par exemple, le ratio cours/bénéfice) à ceux de ses pairs ou aux moyennes du secteur.

Exemple : Si le ratio cours/bénéfice de l'entreprise A est de 15 et que la moyenne du secteur est de 20, il se peut que l'entreprise soit sous-évaluée.

6.5.3   Approche par le sentiment du marché

Tenir compte des conditions générales du marché qui influencent les prix des actions.

Exemple : Les actions sont souvent sous-évaluées pendant les récessions en raison des ventes fondées sur la peur.

Mesures à prendre : Utiliser des calculateurs en ligne et des rapports d'analystes pour estimer les valorisations.

6.6   Outils d'analyse des actions

Tirer parti de la technologie et des ressources pour simplifier l'analyse des actions.

Outils gratuits :

Yahoo Finance : États financiers et données de marché. Google Finance : Suivi simplifié des performances.

Outils Premium :

Morningstar : Rapports de recherche approfondis et notations.

Terminal Bloomberg : Analyses avancées (idéal pour les professionnels).

Ressources pédagogiques :

Livres : L'investisseur intelligent de Benjamin Graham.

Cours en ligne : Des plateformes comme Udemy ou Coursera proposent des cours adaptés aux débutants.

Mesure à prendre : Choisissez un ou deux outils pour commencer à pratiquer l'analyse des actions.

6.7 Étude de cas : Analyse d'une action réelle

Actions : Apple Inc. (AAPL).

Étape 1 : Examiner les états financiers :

Croissance du chiffre d'affaires : Croissance constante au cours des 5 dernières années. Marge bénéficiaire nette : Forte (25 %), reflétant l'efficacité.

Étape 2 : Appliquer les ratios :

Ratio P/E : 28 (supérieur à la moyenne du secteur, ce qui suggère une valorisation supérieure).

ROE : 30% (indique une utilisation efficace des fonds propres).

Étape 3 : Évaluer les facteurs qualitatifs :

Une forte fidélité à la marque et un portefeuille de produits diversifié. Le leadership de Tim Cook a permis de maintenir l'innovation.

Conclusion : Bien qu'Apple soit une société très performante, sa valorisation suggère une hausse limitée à moins que la croissance future ne s'accélère.

Conclusion

L'analyse des actions implique un mélange d'évaluations quantitatives et qualitatives. En maîtrisant ces techniques, vous pouvez prendre des décisions d'investissement bien informées et construire un portefeuille adapté à vos objectifs. Dans le prochain chapitre, nous explorerons les stratégies de gestion des risques pour protéger vos investissements.

Chapitre 7 : Gérer les risques et diversifier son portefeuille

7.1 Comprendre le risque d'investissement

Le risque est inhérent à l'investissement, mais le comprendre vous permet de le gérer efficacement.

7.1.1 Types de risques

Risque de marché : Risque de pertes dues aux mouvements globaux du marché (par exemple, baisse des marchés boursiers).

Risque de crédit : risque de défaut de paiement de l'émetteur d'une obligation.

Risque de liquidité : Difficulté à vendre un investissement sans que son prix n'en soit affecté de manière significative.

Risque d'inflation : le risque que l'inflation érode le pouvoir d'achat de votre investissement.

Risque de taux d'intérêt : l'impact de l'évolution des taux d'intérêt, en particulier sur les obligations.

7.1.2 Tolérance au risque

Votre tolérance au risque détermine l'ampleur des fluctuations de valeur que vous pouvez supporter.

Faible tolérance au risque : Privilégier les obligations et les actifs stables.

Tolérance au risque élevée : Plus à l'aise avec les actions et les marchés volatils.

Mesure à prendre : Répondez à un questionnaire en ligne sur la tolérance au risque pour mieux comprendre votre degré de tolérance au risque.

7.2 Le rôle de la diversification dans la réduction des risques

La diversification permet de répartir vos investissements entre différentes classes d'actifs, secteurs et zones géographiques afin de réduire les risques.

7.2.1 Diversifier les classes d'actifs

Les actions : Elles offrent une croissance mais sont plus volatiles.

Les obligations : Elles offrent stabilité et revenus, contrebalançant la volatilité des actions.

Immobilier (FPI) : Ajoute un autre niveau de diversification avec un potentiel de rendement régulier.

Équivalents de trésorerie : Actifs à faible risque tels que les fonds du marché monétaire pour la liquidité.

7.2.2 Diversifier les classes d'actifs

Actions : Investissez dans différents secteurs (technologie, santé, énergie, etc.) et différentes zones géographiques (nationales ou internationales).

Obligations : Inclure une combinaison d'obligations d'État, municipales et de sociétés.

Exemple : Un portefeuille peut être composé à 60 % d'actions (réparties entre les secteurs de la technologie, de la santé et de l'énergie), à 30 % d'obligations (réparties entre les entreprises et les gouvernements) et à 10 % de fonds de placement immobilier.

Mesure à prendre : Examinez votre portefeuille pour vous assurer qu'il est diversifié entre les secteurs et les régions.

7.3 Gérer la volatilité

La volatilité désigne le degré de variation du prix d'un actif dans le temps.

7.3.1 Stratégies de gestion de la volatilité

Investissez régulièrement : Utilisez les achats périodiques par sommes fixes pour atténuer l'impact des fluctuations de prix.

Se concentrer sur les objectifs à long terme : Les fluctuations à court terme sont moins importantes sur des périodes plus longues.

Évitez la surconcentration : Veillez à ce qu'aucun titre ou secteur ne domine votre portefeuille.

7.3.2 Gérer les corrections du marché

Qu'est-ce qu'une correction ? Une baisse de 10 % ou plus d'une action ou d'un indice boursier.

Comment répondre :

Réexaminez votre stratégie à long terme plutôt que de vendre dans la panique. Envisagez d'acheter des actions sous-évaluées pendant les corrections.

Mesure à prendre : Créez une liste de contrôle pour gérer la volatilité, par exemple en révisant les objectifs à long terme avant de prendre des décisions.

7.4 Stratégies de couverture

La couverture consiste à utiliser des investissements pour compenser les pertes potentielles de votre portefeuille.

7.4.1 Outils de couverture courants

Options : Utilisez les options de vente et d'achat pour vous protéger contre les baisses de prix ou bloquer les prix.

FNB inversés : Gagner lorsque le marché baisse.

Les matières premières : L'or et les autres matières premières servent souvent de couverture contre l'inflation et l'instabilité des marchés.

Exemple : L'achat d'une option de vente pour une action de votre portefeuille permet de limiter les pertes en cas de baisse du cours de l'action.

Mesures à prendre : Recherchez des stratégies d'options de base ou consultez un conseiller financier avant de mettre en place des outils de couverture.

7.5 Le rôle de l'allocation d'actifs

L'allocation d'actifs permet d'équilibrer le risque et le rendement en répartissant votre portefeuille entre différentes catégories d'actifs.

7.5.1 Modèles d'allocation

Agressif : forte exposition aux actions (par exemple, 80 % d'actions, 20 % d'obligations) pour une croissance à long terme.

Modéré : Combinaison équilibrée d'actions et d'obligations (par exemple, 60 % d'actions, 40 % d'obligations).

Conservateur : Axé sur la préservation du capital (par exemple, 40 % d'actions, 60 % d'obligations).

7.5.2 Ajuster votre allocation au fil du temps

Réduisez votre exposition aux actions et augmentez votre exposition aux obligations à mesure que vous approchez de la retraite.

Exemple : Passer de 80 % d'actions et 20 % d'obligations à 30 ans à 40 % d'actions et 60 % d'obligations à 60 ans.

Mesure à prendre : Choisissez un modèle d'allocation en fonction de vos objectifs, de votre tolérance au risque et de votre horizon temporel.

7.6 Création d'un fonds d'urgence

Un fonds d'urgence constitue un filet de sécurité financière et vous évite de puiser dans vos investissements.

7.6.1 Combien épargner ?

3 à 6 mois de frais de subsistance.

Pour les professions à haut risque ou les revenus volatils, visez une période de 6 à 12 mois.

7.6.2 Où le conserver ?

Comptes d'épargne à haut rendement ou fonds du marché

monétaire. Veillez à ce que le fonds soit facilement accessible

et peu risqué.

Mesure à prendre : Calculez vos dépenses mensuelles et mettez en place des virements automatiques pour constituer votre fonds d'urgence.

7.7 Suivi et rééquilibrage de votre portefeuille

Le rééquilibrage permet de s'assurer que votre portefeuille reste aligné sur votre allocation d'actifs cible.

7.7.1 Quand rééquilibrer ?

Rééquilibrage programmé : Annuel ou semestriel.

Rééquilibrage de seuil : Lorsqu'une classe d'actifs dépasse un certain écart (par exemple, de 5 à 10 % par rapport à l'objectif).

7.7.2 Comment rééquilibrer

Vendez les actifs les plus performants ou ajoutez des fonds à ceux qui le sont moins.

Exemple : Si les actions passent de 60 % à 70 % de votre portefeuille, vendez quelques actions et achetez des obligations pour rétablir l'équilibre.

Mesure à prendre : Fixez un calendrier de rappel pour revoir régulièrement votre portefeuille.

7.8 Étude de cas : Gérer le risque dans un portefeuille réel

Investisseur : 40 ans, épargnant pour la retraite, avec une tolérance au risque modérée.

Portefeuille avant diversification :

80 % en actions technologiques, 20 % en obligations.

Portefeuille diversifié :

60 % d'actions (technologie, santé, biens de consommation), 30 % d'obligations (d'entreprise et d'État), 10 % de FPI.

Exemple de rééquilibrage :

Au bout d'un an, les actions atteignent 70 %. Le rééquilibrage rétablit l'allocation à 60 % d'actions et 30 % d'obligations.

Résultat : Réduction des risques et amélioration de la stabilité sans sacrifier le potentiel de croissance.

Conclusion

La gestion des risques et la diversification sont les pierres angulaires d'un investissement réussi. En répartissant les investissements entre les différentes catégories d'actifs et en surveillant régulièrement votre portefeuille, vous pouvez vous protéger contre les pertes excessives tout en restant sur la bonne voie pour atteindre vos objectifs financiers. Dans le prochain chapitre, nous étudierons l'importance de rester discipliné et d'investir de manière cohérente pour construire un patrimoine à long terme.

Chapitre 8 : Le pouvoir de la cohérence - Construire à long terme Richesse

8.1 L'importance de la cohérence dans l'investissement

Se constituer un patrimoine ne consiste pas à anticiper le marché ; il s'agit de rester discipliné et d'investir de manière cohérente.

Idée maîtresse : De petits investissements réguliers peuvent croître de manière significative au fil du temps grâce à la puissance de la capitalisation.

Exemple : En investissant 200 dollars par mois pendant 30 ans avec un rendement annuel de 8 %, vous obtenez environ 300 000 dollars, alors que vous n'avez cotisé que 72 000 dollars.

8.2 Le rôle de l'étalement des coûts (DCA)

La méthode des achats périodiques par sommes fixes consiste à investir régulièrement un montant fixe, quelles que soient les conditions du marché.

8.2.1 Avantages du DCA

Réduit la prise de décision émotionnelle : Évite la tentation d'anticiper le marché.

Acheter plus d'actions lorsque les prix sont bas : cela permet d'établir une moyenne du coût des actions au fil du temps.

Encourage la discipline : Il permet de prendre l'habitude d'investir de manière cohérente.

Exemple :

L'investisseur A verse 500 dollars par mois à un fonds indiciel. Lorsque les prix sont bas, il achète plus d'actions ; lorsque les prix sont élevés, il en achète moins. Au fil du temps, son coût moyen par action reste stable et inférieur à celui d'un investissement forfaitaire irrégulier.

Mesure à prendre : Mettez en place des contributions automatiques à votre compte d'investissement.

8.3 Tirer parti de la capitalisation pour maximiser les rendements

La capitalisation se produit lorsque vos investissements génèrent des revenus, et que ces revenus sont réinvestis pour générer encore plus de revenus.

8.3.1 Facteurs influençant la composition

Le temps : plus votre argent reste investi longtemps, plus l'effet de capitalisation est important.

Taux de rendement : Des rendements plus élevés accélèrent la croissance. Constance : Les cotisations régulières amplifient la capitalisation.

Exemple de croissance composée :

Investissez 10 000 $ avec un rendement annuel de 8 %.
   Après 10 ans : 21 589 $: 10 ans : 21 589 $.
   20 ans : 46 610 $.
   30 ans : 100 627 $.

Mesure à prendre : Utilisez une calculatrice de capitalisation pour voir comment vos investissements peuvent fructifier au fil du temps.

8.4 Maintenir le cap en cas de fluctuations du marché

Les marchés sont imprévisibles, mais le maintien de la cohérence pendant les périodes de ralentissement est la clé de la réussite à long terme.

8.4.1 Contexte historique

Exemple : Lors de la crise financière de 2008, le S&P 500 a chuté de 37 %, mais les investisseurs qui sont restés investis ont constaté une reprise significative au cours des années suivantes.

Leçon : les baisses de marché sont l'occasion pour les investisseurs disciplinés d'acheter à des prix plus bas.

8.4.2 Éviter la vente panique

Vendre en période de ralentissement bloque les pertes et vous empêche de profiter de la reprise. Concentrez-vous plutôt sur votre plan à long terme et ignorez les bruits à court terme.

Mesure à prendre : Créer une liste de contrôle pour maintenir le cap, à consulter en cas de volatilité des marchés.

8.5 Automatiser vos investissements

L'automatisation simplifie le processus d'investissement et garantit la cohérence.

8.5.1 Avantages de l'automatisation

Élimination des oublis : Les contributions régulières se font sans effort manuel.

Réduit l'influence émotionnelle : L'automatisation vous aide à respecter votre plan lors des hauts et des bas du marché.

8.5.2 Comment automatiser les investissements

Mettez en place des virements directs de votre salaire ou de votre compte bancaire vers votre compte d'investissement.

Utilisez des robo-advisors ou des applications d'investissement pour répartir automatiquement les fonds en fonction de votre stratégie.

Mesure à prendre : Recherchez des plateformes telles que Vanguard, Fidelity ou Betterment pour automatiser vos investissements.

8.6 Fixer et ajuster les objectifs au fil du temps

La cohérence n'est pas synonyme de rigidité ; votre plan d'investissement doit s'adapter à l'évolution de vos objectifs et de votre situation.

8.6.1 Événements de la vie susceptibles d'avoir un impact sur les objectifs

Mariage ou divorce : Changements dans les revenus ou les priorités financières du ménage.

Changements de carrière : Les fluctuations de salaire peuvent nécessiter un ajustement des cotisations.

Planification de la retraite : À l'approche de la retraite, privilégier la génération de revenus plutôt que la croissance.

8.6.2   Examiner les progrès accomplis

Évaluez chaque année les performances de votre portefeuille.

Vérifiez si vos investissements correspondent à votre tolérance au risque et à vos objectifs financiers actuels.

Mesure à prendre : Planifiez un examen annuel de votre portefeuille et de vos objectifs financiers.

8.7   L'état d'esprit à long terme

La constitution d'un patrimoine demande du temps, de la patience et une vision d'ensemble.

8.7.1   Éviter les stratagèmes pour s'enrichir rapidement

Les investissements promettant des rendements exceptionnellement élevés sont souvent risqués ou frauduleux.
Il faut s'en tenir à des stratégies de croissance régulière qui ont fait leurs preuves, comme les fonds indiciels ou les ETF.

8.7.2   Le pouvoir de la patience

Exemple : Warren Buffett a acquis la majeure partie de sa fortune après l'âge de 50 ans grâce à l'effet de composition.

Leçon : plus vous commencez tôt et plus vous restez investi longtemps, plus vos rendements sont élevés.

8.7.3   Se concentrer sur le progrès, pas sur la perfection

La cohérence ne signifie pas qu'il ne faut jamais faire d'erreurs, mais qu'il faut apprendre et s'améliorer au fil du temps.

8.8   Étude de cas : Un investissement cohérent sur 20 ans

Investisseur : un jeune homme de 25 ans commence à investir 400 dollars par mois dans un fonds indiciel S&P 500.

Résultat :

À l'âge de 45 ans, avec un rendement annuel moyen de 8 %, leur portefeuille atteint plus de 240 000 $.

S'ils cessent de cotiser et laissent le capital croître jusqu'à l'âge de 65 ans, il s'élève à plus de 1 100 000 $.

Conclusion

La constance est la base d'un investissement réussi. En automatisant les cotisations, en restant discipliné en période de volatilité des marchés et en vous concentrant sur des objectifs à long terme, vous pouvez exploiter la puissance de la capitalisation pour vous constituer un patrimoine durable. Dans le prochain chapitre, nous examinerons les stratégies fiscales et d'autres moyens de maximiser le rendement de vos placements.

Chapitre 9 : Stratégies fiscales et optimisation du rendement des investissements

9.1 Comprendre les implications fiscales de l'investissement

Les impôts peuvent avoir un impact significatif sur le rendement de vos investissements. Il est essentiel de savoir comment naviguer dans le paysage fiscal pour maximiser les profits.

9.1.1 Types de revenus d'investissement

Dividendes : Paiements provenant d'actions ou de fonds communs de placement, imposés comme des revenus ordinaires ou à un taux inférieur s'ils sont qualifiés.

Gains en capital : Profit résultant de la vente d'un actif à un prix supérieur à son prix d'achat.

Gains en capital à court terme : Actifs détenus depuis moins d'un an, imposés au taux ordinaire de l'impôt sur le revenu.

Plus-values à long terme : Actifs détenus depuis plus d'un an, imposés à des taux inférieurs (0 %, 15 % ou 20 %, selon le revenu).

Revenus d'intérêts : Revenus provenant d'obligations ou de comptes d'épargne, généralement imposés comme des revenus ordinaires.

Mesures à prendre : Examinez vos sources de revenus d'investissement et classez-les en fonction de leur traitement fiscal.

9.2 Comptes à fiscalité privilégiée

Certains comptes permettent de réduire ou de différer les impôts, ce qui permet à vos investissements de fructifier plus efficacement.

9.2.1 Comptes de retraite

IRA traditionnel/401(k) : Les cotisations sont déductibles de l'impôt, mais les retraits sont imposés à la retraite.

Roth IRA/401(k) : Les cotisations sont versées avec de l'argent après impôt, mais les retraits à la retraite sont exonérés d'impôt.

Exemple : Une cotisation annuelle de 6 500 $ à un Roth IRA, investie à un taux de rendement de 8 % sur 30 ans, s'élève à plus de 780 000 $ et peut être retirée en franchise d'impôt.

9.2.2 Compte d'épargne santé (HSA)

Les cotisations sont déductibles de l'impôt, la croissance est exonérée d'impôt et les retraits pour frais médicaux qualifiés sont également exonérés d'impôt.

Peut servir de compte de retraite complémentaire s'il est utilisé de manière stratégique.

9.2.3 Plans 529

Comptes fiscalement avantageux pour l'épargne-études.

Les gains augmentent en franchise d'impôt et les retraits sont exonérés d'impôt pour les frais d'études admissibles.

Mesure à prendre : Ouvrez ou alimentez un compte fiscalement avantageux correspondant à vos objectifs.

9.3 Stratégies de réduction du revenu imposable

La réduction du revenu imposable permet de diminuer la tranche d'imposition et d'augmenter le rendement après impôt.

9.3.1 Récolte des pertes fiscales

Qu'est-ce que c'est ? Vendre des investissements à perte pour compenser les gains imposables.

Comment cela fonctionne-t-il ?

Exemple : Vous vendez l'action A avec une perte de 2 000 $ et l'action B avec une plus-value de 2 000 $. La perte compensant la plus-value, vous ne devez pas payer d'impôt sur les plus-values.

Les pertes nettes peuvent compenser le revenu ordinaire jusqu'à concurrence de 3 000 $ par an.

9.3.2 Cotiser à un compte à imposition différée

Les cotisations aux 401(k), aux IRA traditionnels et aux HSA réduisent votre revenu imposable pour l'année.

Mesures à prendre : Envisager de réaffecter les fonds sur des comptes imposables afin de maximiser les possibilités de récupération des pertes fiscales.

9.4 Stratégies d'investissement fiscalement avantageuses

Le lieu de détention de certains investissements a une incidence sur leur efficacité fiscale.

9.4.1 Localisation des actifs

Comptes imposables : Détenir des investissements fiscalement avantageux tels que des obligations municipales et des ETF.

Comptes fiscalement avantageux : Détenir des investissements fiscalement inefficaces tels que les FPI, les actions à dividendes élevés et les obligations.

9.4.2 Choisir des investissements fiscalement avantageux

Fonds indiciels et ETF : Ces fonds ont une faible rotation, ce qui minimise la distribution des plus-values.

Obligations municipales : Les intérêts sont souvent exonérés d'impôt au niveau fédéral et éventuellement au niveau de l'État.

Exemple : La détention d'un fonds commun de placement à forte rotation sur un compte imposable peut générer des obligations fiscales inutiles, alors que le même fonds sur un IRA ou un 401(k) permet d'éviter les impôts annuels.

Mesure à prendre : Examinez votre portefeuille pour vous assurer que les placements sont effectués sur les comptes les plus avantageux sur le plan fiscal.

9.5 Comprendre les distributions minimales requises (DMR)

Les RMD s'appliquent aux comptes à imposition différée (comme les IRA traditionnels) à partir de l'âge de 73 ans.
Le fait de ne pas retirer le montant requis entraîne une pénalité fiscale de 50 % sur le manque à gagner.

Stratégies de gestion des RMDs :

Commencez à effectuer des retraits avant l'âge du RMD afin d'étaler la charge fiscale.
Convertir les IRA traditionnels en Roth IRA pendant les années où les revenus sont les plus faibles afin de réduire les futurs RMD.

Mesure à prendre : Utilisez une calculatrice RMD pour estimer vos besoins futurs en matière de retraits.

9.6 Éviter les erreurs fiscales courantes

Être proactif permet d'éviter des erreurs coûteuses.

9.6.1 Des erreurs fréquentes

Négliger les comptes fiscalement avantageux : Ne pas maximiser les contributions aux 401(k) ou aux IRA.

Déclenchement des ventes sans effet fiscal : Racheter le même investissement ou un investissement substantiellement similaire dans les 30 jours suivant une vente avec perte fiscale.

Ignorer les taxes d'État : Certains États ont des règles particulières en matière de plus-values et de dividendes.

Mesures à prendre : Consultez un fiscaliste chaque année pour vous assurer de votre conformité et optimiser votre stratégie fiscale.

9.7 Travailler avec un fiscaliste

Un professionnel peut vous aider à maximiser les déductions et à vous conformer à l'évolution de la législation fiscale.

9.7.1 Quand consulter un professionnel

Si vous avez des revenus d'investissement importants ou des avoirs complexes.
Lorsque vous approchez de la retraite et que vous avez besoin de planifier vos remboursements.

9.7.2 Questions à poser à votre conseiller

Comment puis-je réduire ma charge

fiscale ?

Quels sont les comptes sur lesquels je dois effectuer en priorité des versements ou des retraits ?

Y a-t-il de nouvelles lois fiscales susceptibles d'affecter mon portefeuille ?

Mesure à prendre : Planifiez une rencontre annuelle avec un expert-comptable ou un conseiller financier spécialisé dans les investissements fiscalement avantageux.

9.8 Étude de cas : Les stratégies fiscales en action

Investisseur : Un homme de 45 ans disposant de 500 000 dollars répartis entre un 401(k), un Roth IRA et un compte de courtage imposable.

Problème : facture fiscale élevée en raison de la distribution de dividendes et de plus-values provenant d'investissements imposables.

Solution :

Déplacer les investissements à dividendes élevés et les investissements obligataires vers le 401(k). Utiliser des fonds indiciels et des ETF sur le compte imposable.

Augmenter les cotisations au Roth IRA pour pouvoir effectuer des retraits en franchise d'impôt à la retraite.

Résultat : Réduction de l'impôt annuel à payer de 5 000 dollars et maximisation de la croissance à long terme.

Conclusion

Les impôts peuvent éroder les rendements des investissements, mais avec les bonnes stratégies, vous pouvez minimiser leur impact et conserver une plus grande partie de vos gains. Dans le dernier chapitre, vous trouverez des conseils pratiques pour maintenir votre discipline, éviter les pièges et atteindre vos objectifs financiers.

Chapitre 10 : Tout réunir - Votre feuille de route pour réussir vos investissements

10.1 Examen du parcours d'investissement

Revenons sur les principaux concepts abordés dans ce livre et comprenons comment ils s'articulent entre eux.

10.1.1 La Fondation

Le marché boursier permet de se constituer un patrimoine en investissant dans des entreprises.

Avant d'investir, il est essentiel d'établir une base financière solide en établissant un budget, en constituant un fonds d'urgence et en éliminant les dettes.

10.1.2 La stratégie

Commencez par des objectifs clairs et mesurables.
Diversifiez votre portefeuille pour gérer les risques et utilisez une répartition des actifs adaptée à votre âge, à vos revenus et à votre tolérance au risque.

10.1.3 Le processus

Contribuez régulièrement à vos comptes d'investissement, en tirant parti de l'automatisation.

Réévaluez périodiquement vos investissements, mais évitez de réagir de manière excessive aux mouvements à court terme du marché.

Mesure à prendre : Rédigez votre stratégie d'investissement personnelle sur la base des principes énoncés dans les chapitres précédents.

10.2 Élaborer votre plan d'investissement personnalisé

Un plan bien conçu est la feuille de route qui vous permettra d'atteindre vos objectifs financiers.

10.2.1 Définissez vos objectifs

Objectifs à court terme : Par exemple, épargner pour le versement initial d'une maison.

Objectifs à long terme : Par exemple, constituer un fonds de retraite ou financer l'éducation des enfants.

10.2.2 Identifier votre horizon temporel

Les objectifs à court terme peuvent nécessiter des investissements prudents.

Les objectifs à long terme bénéficient de stratégies axées sur la croissance, comme les investissements en actions.

10.2.3 Choisissez votre combinaison d'investissements

Combinez des actions, des obligations, des ETF et d'autres actifs dans des proportions qui correspondent à vos objectifs et à votre tolérance au risque.

Utilisez des fonds à date cible si vous souhaitez ne pas avoir à vous en occuper.

10.2.4 Automatiser les contributions

Mettre en place des transferts récurrents vers les comptes d'investissement afin d'en assurer la cohérence.

Mesure à prendre : Créez un résumé d'une page de votre plan d'investissement personnalisé et conservez-le à titre de référence.

10.3 Éviter les pièges courants

Apprendre des erreurs des autres peut vous faire gagner du temps, de l'argent et du stress.

10.3.1 Prise de décision émotionnelle

Évitez d'acheter lorsque le marché est à son apogée ou de vendre pendant les périodes de ralentissement.
Restez fidèle à votre stratégie et concentrez-vous sur des objectifs à long terme.

10.3.2 Négliger le rééquilibrage

Ajustez périodiquement votre portefeuille afin de maintenir l'allocation d'actifs souhaitée.

Exemple : Si les actions surperforment et atteignent 70 % de votre portefeuille alors que votre objectif est de 60 %, vendez des actions et achetez des obligations pour rééquilibrer.

10.3.3   Ne pas tenir compte des frais et des

dépenses Des frais élevés peuvent éroder les

rendements au fil du temps.

Optez pour des fonds à faible coût comme les ETF et les fonds indiciels.

Mesures à prendre : Créez une liste de contrôle des pièges potentiels afin de la passer en revue chaque année et de vous assurer que vous restez sur la bonne voie.

10.4   Adopter une perspective à long terme

La constitution d'un patrimoine est un marathon, pas un sprint.

10.4.1   Le rôle de la patience

La volatilité à court terme est un élément naturel de l'investissement.

Les marchés sont historiquement orientés à la hausse sur le long terme, malgré des baisses occasionnelles.

10.4.2   Faites confiance à la puissance de la capitalisation

Des investissements réguliers au fil du temps, associés au réinvestissement des bénéfices, créent une croissance exponentielle.

Exemple : Un investissement de 10 000 dollars rapportant 8 % par an double environ tous les 9 ans. En 36 ans, il atteint 160 000 dollars.

10.5   Rester éduqué et informé

Le monde de l'investissement évolue et il est essentiel de rester informé.

10.5.1   Des ressources pour continuer à apprendre

Livres : Lisez des classiques comme L'investisseur intelligent de Benjamin Graham.

Sites web et blogs : Suivez les plateformes financières de confiance pour obtenir des mises à jour et des conseils.

Cours : Suivez des cours en ligne pour approfondir votre compréhension de l'investissement.

10.5.2 Demander l'aide d'un professionnel en cas de besoin

Travaillez avec un planificateur financier agréé ou un conseiller en investissement pour adapter votre stratégie.

Mesure à prendre : S'engager à lire au moins un livre sur l'investissement ou à suivre un cours chaque année.

10.6 Passer à l'action : Vos 90 premiers jours

Commencez fort en établissant un plan d'action pour les trois premiers mois de votre parcours d'investissement.

10.6.1 Mois 1 : Construire ses fondations

Établissez un budget afin de libérer de l'argent pour investir.

Ouvrez un compte de courtage ou un compte de retraite.

Définissez vos objectifs et choisissez une répartition des

actifs.

10.6.2 Mois 2 : Commencer à investir

Approvisionnez votre compte et effectuez vos premiers investissements, en privilégiant les options diversifiées telles que les fonds indiciels ou les ETF.

Mettre en place un système d'automatisation pour les contributions régulières.

10.6.3 Troisième mois : révision et ajustement

Évaluez votre portefeuille pour vous assurer qu'il correspond à vos

objectifs. Procédez à des ajustements mineurs si nécessaire, mais évitez

les opérations excessives.

Mesure à prendre : Utilisez un calendrier ou un outil de suivi des tâches pour suivre votre plan de 90 jours.

10.7 Derniers mots d'encouragement

L'investissement est un voyage qui exige de la discipline, de la patience et une volonté de croissance.

10.7.1 Reconnaître les progrès accomplis

Célébrez les étapes importantes, comme votre premier investissement, l'atteinte de votre premier 10 000 $ ou la réalisation d'un objectif financier.

10.7.2 La récompense de la persévérance

Se constituer un patrimoine en investissant est l'une des choses les plus importantes que vous puissiez faire pour votre avenir.

10.7.3 Souvenez-vous de votre "pourquoi"

Restez motivé en gardant vos objectifs au premier plan. Qu'il s'agisse de prendre une retraite confortable, de financer les études d'un enfant ou d'atteindre l'indépendance financière, votre "pourquoi" vous permettra de rester sur la bonne voie.

Conclusion

Ce livre vous a donné les outils nécessaires pour vous lancer avec confiance dans l'aventure de l'investissement. En appliquant ce que vous avez appris, en restant cohérent et en approfondissant continuellement vos connaissances, vous pourrez atteindre vos objectifs financiers et vous créer un avenir sûr.

Conclusion

Félicitations ! Vous avez atteint la fin de ce guide et, ce faisant, vous avez franchi une étape importante vers l'indépendance financière et la constitution d'un patrimoine à long terme. Vous devriez maintenant avoir une bonne compréhension des principes fondamentaux de l'investissement boursier, notamment de son fonctionnement, des types d'investissements disponibles et des stratégies qui peuvent vous aider à prendre des décisions éclairées.

N'oubliez pas que l'investissement en bourse n'est pas un moyen de s'enrichir rapidement, mais qu'il s'agit de prendre des décisions cohérentes et réfléchies au fil du temps. Les investisseurs qui réussissent le mieux ne sont pas ceux qui suivent les tendances ou tentent d'anticiper le marché, mais ceux qui se concentrent sur la croissance à long terme, gèrent le risque de manière appropriée et restent patients face aux fluctuations du marché.

Tout au long de votre parcours d'investisseur, gardez à l'esprit les éléments clés suivants :

Commencez simplement : Commencez par des investissements diversifiés et peu coûteux, comme les fonds indiciels ou les ETF. Cela permet de réduire les risques tout en développant votre compréhension du marché.

Investir à long terme : La bourse récompense la patience. Résistez à l'envie de prendre des décisions impulsives basées sur les mouvements à court terme du marché.

Rester informé : Le monde de l'investissement est en constante évolution. Continuez à apprendre, que ce soit par le biais de livres, d'articles, de cours ou simplement en observant le marché. Plus vous serez informé, meilleures seront les décisions que vous prendrez.

Élaborer une stratégie et s'y tenir : il est essentiel d'avoir un plan d'investissement clair, fondé sur vos objectifs et votre tolérance au risque. Ne laissez pas vos émotions dicter vos choix d'investissement.

La régularité est essentielle : Les cotisations régulières, même modestes, peuvent croître de manière significative au fil du temps grâce à la puissance des intérêts composés.

Votre voyage ne s'arrête pas là. En fait, ce n'est que le début. En continuant à construire votre portefeuille et à approfondir votre compréhension du marché, vous développerez vos propres stratégies et affinerez votre approche. Le monde de l'investissement est ouvert à toute personne désireuse d'apprendre, et vous avez déjà fait le premier pas le plus important.

Que vous investissiez pour épargner en vue de la retraite, pour atteindre l'indépendance financière ou pour franchir des étapes financières spécifiques, la clé est de rester discipliné, de s'informer et de continuer à aller de l' avant. Le marché boursier connaîtra des hauts et des bas, mais avec un bon état d'esprit et une bonne stratégie, vous pouvez naviguer dans ces fluctuations et travailler à la réalisation de vos objectifs financiers.

Je vous remercie de m'avoir accompagné dans cette aventure. Je vous souhaite beaucoup de succès dans votre cheminement pour devenir un investisseur confiant et bien informé. Votre avenir financier est entre vos mains. Allez-y, passez à l'étape suivante !

Glossaire des termes boursiers

1. **Allocation d'actifs**
Le processus de répartition de votre portefeuille d'investissement entre différentes catégories d'actifs, telles que les actions, les obligations et les liquidités, afin d'équilibrer le risque et le rendement en fonction de vos objectifs, de votre horizon temporel et de votre tolérance au risque.

2. **Marché baissier**
Une condition de marché dans laquelle les prix des titres chutent ou sont susceptibles de chuter, généralement de 20 % ou plus par rapport aux récents sommets.

3. **Actions de premier ordre**
Actions de sociétés bien établies, financièrement stables et réputées pour leurs performances passées, telles qu'Apple ou Coca-Cola.

4. **Obligation**
Un investissement à revenu fixe qui représente un prêt accordé par un investisseur à un emprunteur, généralement une société ou un gouvernement, avec des paiements d'intérêts réguliers et le remboursement du principal à l'échéance.

5. **Marché haussier**
Une condition de marché dans laquelle les prix des titres augmentent ou devraient augmenter, souvent alimentée par la confiance des investisseurs et la croissance économique.

6. **Gains en capital**
Le bénéfice réalisé sur la vente d'un investissement lorsque le prix de vente est supérieur au prix d'achat.

7. **Dividende**
Une partie des bénéfices d'une société distribuée aux actionnaires, généralement sur une base régulière (par exemple, trimestrielle).

8. **Calcul de la moyenne des coûts en dollars (DCA)**
Une stratégie d'investissement qui consiste à investir régulièrement un montant fixe dans un actif particulier, quel que soit son prix, afin de réduire l'impact de la volatilité du marché.

9. Bénéfice par action (BPA)
Le bénéfice d'une entreprise divisé par le nombre d'actions en circulation. Une mesure clé utilisée pour évaluer la rentabilité d'une entreprise.

10. Fonds négocié en bourse (ETF)
Un type de fonds d'investissement négocié sur les marchés boursiers qui détient un panier d'actifs, tels que des actions ou des obligations, et qui est conçu pour suivre la performance d'un indice spécifique.

11. Fonds indiciel
Un fonds commun de placement ou un ETF conçu pour reproduire la performance d'un indice de marché spécifique, tel que le S&P 500.

12. L'introduction en bourse (IPO)
La première fois qu'une entreprise offre ses actions au public, passant ainsi d'une propriété privée à une propriété publique.

13. Liquidité
La facilité avec laquelle un actif peut être acheté ou vendu sur le marché sans que son prix n'en soit affecté. Les actions et les ETF sont très liquides, alors que l'immobilier l'est moins.

14. Capitalisation boursière (Market Cap)
La valeur totale des actions en circulation d'une société, calculée en multipliant le prix actuel de l'action par le nombre total d'actions.

15. Fonds de placement
Un véhicule d'investissement qui met en commun l'argent de plusieurs investisseurs pour acheter un portefeuille diversifié d'actions, d'obligations ou d'autres titres.

16. Le portefeuille
Un ensemble d'investissements, tels que des actions, des obligations, des ETF et des liquidités, détenus par un individu ou une institution.

17. Ratio cours/bénéfice (P/E)
Il s'agit d'une mesure d'évaluation calculée en divisant le prix actuel de l'action d'une société par son bénéfice par action. Il indique combien les investisseurs sont prêts à payer pour un dollar de bénéfice.

18. **Rééquilibrage**
Le processus d'ajustement des pondérations des actifs dans votre portefeuille afin de maintenir le niveau d'allocation d'actifs souhaité, généralement de manière périodique.

19. **Tolérance au risque**
Le niveau de risque qu'un investisseur est prêt à accepter lorsqu'il prend des décisions d'investissement, influencé par des facteurs tels que les objectifs financiers, l'horizon temporel et la tolérance personnelle à la volatilité.

20. **Roth IRA**
Il s'agit d'un compte de retraite fiscalement avantageux sur lequel les cotisations sont versées avec de l'argent après impôt et dont les retraits à la retraite sont exonérés d'impôt.

21. **S&P 500**
Indice boursier qui suit les performances de 500 des plus grandes entreprises des États-Unis en termes de capitalisation boursière.

22. **Stock**
Un type de titre qui représente la propriété d'une société, donnant droit à une partie des bénéfices et des actifs de la société.

23. **Fonds à date cible**
Un fonds commun de placement ou un ETF qui ajuste automatiquement la répartition de ses actifs pour devenir plus prudent à l'approche d'une date cible spécifiée, telle que la retraite.

24. **Horizon temporel**
La durée pendant laquelle un investisseur prévoit de détenir un investissement pour atteindre un objectif financier, allant du court terme (moins de 3 ans) au long terme (10 ans ou plus).

25. **Volatilité**
Le degré de variation du prix d'un titre ou d'un marché dans le temps. Une volatilité élevée indique des fluctuations de prix plus importantes, tandis qu'une volatilité faible est synonyme de stabilité.

26. **Rendement**
Le rendement d'un investissement, exprimé en pourcentage. Pour les actions, il s'agit généralement du rendement des dividendes ; pour les obligations, il s'agit du rendement des intérêts.

Matériel et fournitures logicielles nécessaires pour commencer

Voici une liste de logiciels, d'équipements et de fournitures qui vous aideront à vous lancer dans l'investissement boursier. Ces outils et ressources vous permettront de rationaliser votre travail, de rester organisé et d'améliorer votre prise de décision.

Logiciel

1. **Plates-formes de négociation**

    Robinhood (pour les débutants, transactions sans commission).
    E*TRADE (outils complets pour les débutants et les traders expérimentés).
    Fidelity (Excellent pour les investisseurs à long terme, comprend des outils de recherche).
    TD Ameritrade (offre des fonctionnalités avancées avec sa plateforme thinkorswim).
    Webull (trading sans commission avec graphiques avancés).

2. **Outils de gestion de portefeuille**

    Gestionnaire de portefeuille Morningstar : Suivez, analysez et rééquilibrez votre portefeuille.
    Capital personnel : Combine l'établissement d'un budget et l'analyse d'un portefeuille pour une vision financière globale.
    Portefeuille Yahoo Finance : Suivi de portefeuille gratuit et facile à utiliser.

3. **Outils de recherche et d'analyse**

    Stock Rover : Analyses détaillées, outils de comparaison et suivi de portefeuille.
    Zacks Investment Research : Fournit des analyses et des recommandations sur les actions.
    Seeking Alpha : Recherche et analyse axées sur la communauté.

4. **Graphiques et analyse technique**

    TradingView : Logiciel graphique avancé avec indicateurs personnalisables.
    MetaStock : Logiciel d'analyse technique complet pour les traders actifs.

5. Logiciels de fiscalité et de comptabilité

TurboTax Premier : conçu pour les investisseurs, il permet de suivre et de déclarer les gains et les pertes.
Logiciel fiscal H&R Block : comprend des outils pour les investisseurs en bourse.

6. Plateformes éducatives

Coursera : cours sur l'investissement dispensés par des universités telles que Yale et Wharton.
Udemy : Cours abordables sur les bases de la bourse et les stratégies de trading.
Académie Investopedia : Cours spécifiques pour les débutants en bourse.

Equipement

1. Ordinateur ou portable

L'investissement nécessite un ordinateur fiable pour la recherche, la négociation et l'analyse. A considérer :

Apple MacBook Pro : Connu pour sa fiabilité et sa grande autonomie.
Dell XPS 15 : des performances puissantes pour le multitâche.
Lenovo ThinkPad : Idéal pour les investisseurs soucieux de leur budget.

2. Smartphone ou tablette

L'accès mobile est essentiel pour la négociation et la gestion de portefeuille en déplacement. Appareils recommandés :

Apple iPhone ou iPad : Compatible avec la plupart des applications de trading.
Série Samsung Galaxy : Alternative à Android avec des fonctionnalités puissantes.

3. **Moniteurs externes**

Pour suivre simultanément plusieurs actions et graphiques.

   Dell UltraSharp U2723QE : écran haute résolution pour une analyse détaillée.
   Moniteur LG ultra-large : Idéal pour le multitâche avec plusieurs fenêtres.

4. **Stockage de sauvegarde**

Protégez vos données d'investissement.

   Disque dur externe Seagate : Pour les sauvegardes de documents financiers.
   Stockage dans le nuage (Google Drive ou Dropbox) : Stockage en ligne sécurisé pour un accès facile.

5. **Connexion Internet**

Une connexion internet à haut débit est indispensable pour obtenir des données de marché en temps réel.

   Connexions en fibre optique : Recommandées pour des vitesses rapides et stables.

Fournitures

1. **Cahiers ou journaux**

   Gardez une trace des stratégies d'investissement, des notes et des leçons apprises.

   Carnet de notes intelligent Rocketbook : Réutilisable et intégré au stockage en nuage.
   Journal Moleskine : Un choix classique pour les notes manuscrites.

2. **Fournitures organisationnelles**

   Organisateur de dossiers : Stockez les relevés imprimés, les contrats et les documents fiscaux.
   Créateur d'étiquettes : Organiser les documents physiques pour un accès rapide.

3. Alimentations de secours

Banque d'alimentation portable : Pour recharger les appareils en cas de panne de courant.
Alimentation sans interruption (ASI) : Protège votre ordinateur en cas de panne soudaine.

4. Configuration du bureau

Bureau debout réglable : Pour plus de confort pendant les longues heures de travail.
Chaise ergonomique : Réduit la fatigue pendant les périodes de recherche prolongées.

5. Calculatrice ou outils financiers

Calculatrice financière HP 12C : Spécialement conçue pour les calculs financiers.
Casio fx-991EX : une option polyvalente et économique.

Abonnements et services

1. Services d'information et de données

Le Wall Street Journal : Actualités économiques et financières.
Terminal Bloomberg : Service haut de gamme pour les données en temps réel (idéal pour les investisseurs expérimentés).
Yahoo Finance Premium : Offre des outils avancés et une expérience sans publicité.

2. Alertes de marché

Alertes Google : Alertes personnalisées pour des actions ou des secteurs spécifiques.

Alertes Morningstar : Notifications sur la performance du portefeuille et les mises à jour.

3. Conseillers financiers

Envisagez de consulter un planificateur financier agréé (CFP) pour élaborer une stratégie d'investissement solide.

Divers

Tableau blanc ou tableau d'affichage : Visualiser les stratégies, les objectifs ou les listes de surveillance.

Casque d'écoute avec micro : Pour les cours en ligne, les webinaires ou les consultations de conseillers virtuels.

Cafetière ou en-cas : Restez énergique pendant les longues séances de négociation !

Liste prioritaire des éléments essentiels pour commencer à investir

Voici une liste simplifiée des éléments essentiels pour vous aider à démarrer efficacement et sans dépenses inutiles :

1. Logiciel de négociation et de gestion de portefeuille

Ces outils vous permettront d'effectuer des transactions, de suivre vos investissements et de gérer votre portefeuille :

Plateforme de trading : Commencez par une plateforme conviviale pour les débutants et sans commission, comme Robinhood ou Fidelity.

Suivi de portefeuille : Utilisez Yahoo Finance Portfolio (gratuit) ou Personal Capital pour le suivi et l'analyse de votre portefeuille.

2. **Ordinateur ou portable fiable**

Un ordinateur portable de milieu de gamme est suffisant pour la plupart des débutants. Envisagez des options telles que :

Lenovo ThinkPad (économique et fiable). Dell XPS 15

(pour plus de puissance et de multitâche).

3. **Smartphone ou tablette**

Pour les transactions et les alertes mobiles :

Apple iPhone ou Samsung Galaxy Series (compatible avec la plupart des applications de trading).

4. Connexion Internet

Internet à haut débit (fibre optique si possible) pour garantir un accès en temps réel aux données du marché et aux plateformes de négociation.

5. Ressources pédagogiques

Investissez du temps dans l'apprentissage avec ces options abordables :

Livre : Le petit livre de l'investissement de bon sens par John C. Bogle.

Cours en ligne : Investir pour les débutants sur Coursera ou Udemy.

Site web : Consultez régulièrement Investopedia pour obtenir des définitions et des guides faciles à comprendre.

6. Un journal de notes

Gardez une trace de vos stratégies d'investissement, de vos apprentissages et de vos décisions :

Carnet de notes intelligent Rocketbook (réutilisable et connecté au stockage en nuage).
Ou utilisez simplement un carnet Moleskine standard.

7. Organisateur de fichiers

Pour stocker et gérer des documents importants tels que des confirmations de transactions, des formulaires fiscaux et des relevés de compte.

Classeur extensible (compact et portable).

8. Alimentation de secours et stockage de données

Pour la sécurité et la fiabilité :

Banque d'alimentation portable : Permet de recharger votre smartphone ou votre tablette.

Stockage dans le nuage : Options gratuites comme Google Drive ou Dropbox pour sauvegarder les fichiers importants.

9. **Abonnement aux nouvelles du marché**

Restez informé des dernières tendances et mises à jour du

marché : Option gratuite : Yahoo Finance ou Google Alerts.

Option payante : Un abonnement au Wall Street Journal ou à Morningstar Premium.

10. **Outil de calcul convivial pour les débutants**

Si vous souhaitez calculer des rendements ou comprendre des indicateurs financiers :

Utilisez la calculatrice intégrée gratuite de votre smartphone ou une simple calculatrice Casio.

11. **Un espace de travail confortable**

Pour des périodes prolongées de recherche et de négociation :

Chaise ergonomique : Priorité au confort.

Espace de travail : Une simple table ou un bureau suffira dans un premier temps.

12. **Compléments optionnels (lorsqu'ils sont prêts)**

Au fur et à mesure de votre croissance, pensez à ces ajouts :

Moniteur externe : Facilite le travail multitâche (par exemple, moniteur LG UltraWide).

Outils graphiques avancés : TradingView pour l'analyse technique (version gratuite disponible).

Logiciel fiscal : Utilisez TurboTax Premier pendant la saison des impôts pour simplifier les déclarations.

Prochaines étapes

Ouvrez un compte de courtage (par exemple, Robinhood ou Fidelity).

Créez une liste de surveillance des actions ou des ETF q u i vous intéressent.

Allouez un petit capital (ce que vous pouvez vous permettre de perdre) et commencez par des fonds indiciels ou des ETF.

S'engager à apprendre chaque jour grâce à des contenus éducatifs.

Ressources

Voici une liste de ressources sélectionnées pour vous aider à approfondir vos connaissances et à poursuivre votre développement en tant qu'investisseur :

Livres

L'investisseur intelligent par Benjamin Graham
Un guide classique pour investir dans la valeur et comprendre les principes du marché.

Une promenade au hasard dans Wall Street par Burton Malkiel
Couvre un large éventail de sujets liés à l'investissement et plaide en faveur des fonds indiciels à faible coût.

Common Sense on Mutual Funds par John C. Bogle
Rédigé par le fondateur de Vanguard, ce livre explique les avantages de l'investissement dans les fonds indiciels.

The Little Book of Common Sense Investing par John C. Bogle Une introduction concise et pratique à l'investissement indiciel.

One Up on Wall Street par Peter Lynch
Explore comment les investisseurs ordinaires peuvent identifier les opportunités et investir avec succès.

La psychologie de l'argent par Morgan Housel
Se concentre sur les aspects comportementaux de l'investissement et de la prise de décision financière.

Rich Dad Poor Dad par Robert Kiyosaki
Offre un changement d'état d'esprit vers la constitution d'un patrimoine et l'indépendance financière.

The Bogleheads' Guide to Investing par Taylor Larimore, Mel Lindauer et Michael LeBoeuf
Un guide simple pour investir à long terme et à faible coût.

Sites web et blogs

Investopedia (investopedia.com)
Une ressource complète pour la terminologie, les concepts et les tutoriels relatifs à l'investissement.

Morningstar (morningstar.com)
Fournit des informations sur les fonds communs de placement, les ETF et les actions individuelles.

The Motley Fool (fool.com)
Actualité de l'investissement, conseils et analyses boursières pour les débutants et les investisseurs expérimentés.

Seeking Alpha (seekingalpha.com)
Articles et opinions d'un large éventail d'investisseurs et d'analystes.

Forum Bogleheads (bogleheads.org)
Une communauté dédiée à l'investissement indiciel et aux finances personnelles.

Yahoo Finance (finance.yahoo.com)
Actualités, cours de la bourse et outils d'investissement pour rester informé.

CNBC (cnbc.com)
Mises à jour des marchés en temps réel et actualités financières.

Podcasts

Le podcast sur l'investissement pour les débutants
Simplifie les concepts d'investissement complexes pour ceux qui débutent.

Nous étudions les milliardaires (The Investor's Podcast Network)
Il présente les leçons tirées de l'expérience de certains des plus grands investisseurs du monde.

Le Money Show de Motley Fool
Offre une analyse des tendances actuelles du marché et des stratégies d'investissement.

Podcast sur l'argent de BiggerPockets
Se concentre sur les finances personnelles et les stratégies de constitution de patrimoine.

Podcast sur les esprits animaux
Couvre les tendances du marché, les finances personnelles et la finance comportementale d'une manière accessible.

Cours en ligne

Coursera (coursera.org)
"Investir pour les débutants : A Comprehensive Guide" (proposé par les meilleures universités).

Udemy (udemy.com)
"Investir en bourse pour les débutants" - Accessible et abordable pour les nouveaux investisseurs.

Khan Academy (khanacademy.org)
"Finances personnelles" - Comprend des leçons sur les principes de base de l'investissement.

Salle de classe Morningstar
Cours interactifs gratuits sur les fonds communs de placement, les ETF, les actions et la constitution de portefeuilles.

Skillshare (skillshare.com)
Cours sur les bases de l'investissement et la littératie financière dispensés par des formateurs expérimentés.

Applications et outils

Yahoo Finance App
Suivez les données du marché, les actualités et la performance de votre portefeuille.

Gestionnaire de portefeuille Morningstar
Analysez et suivez vos investissements en temps réel.

Capital personnel
Aide à l'établissement du budget, au suivi des investissements et à la planification de la retraite.

Robinhood Apprendre
Offre des ressources éducatives gratuites pour les investisseurs débutants.

Plateformes Fidelity ou Vanguard
De nombreux comptes de courtage disposent d'outils, de calculateurs et de contenus éducatifs gratuits.

Chaînes YouTube

Graham Stephan
Conseils en matière de finances personnelles et d'investissement pour les débutants.

Andrei Jikh
Simplifie les concepts d'investissement en mettant l'accent sur les stratégies à long terme.

Spectacle de Joseph Carlson
Examens de portefeuilles et points de vue sur les dividendes et l'investissement de valeur.

Le bagel ordinaire
Explique des sujets financiers complexes d'une manière facile à comprendre.

Éducation financière
Conseils pour naviguer sur le marché boursier et se constituer un patrimoine.

Prochaines étapes :

Sélectionnez un ou deux livres et commencez à lire.

Ajoutez quelques sites web à vos favoris pour des mises à

jour régulières.

Abonnez-vous à un podcast ou à une chaîne YouTube qui correspond à votre style d'apprentissage.

Envisagez de suivre un cours en ligne pour renforcer votre base de connaissances.

Nous tenons à vous remercier d'avoir acheté ce livre et, plus important encore, de l'avoir lu jusqu'au bout. Nous espérons que votre expérience de lecture a été agréable et que vous en informerez votre famille et vos amis sur Facebook, Twitter ou d'autres médias sociaux.

Nous aimerions continuer à vous fournir des livres de haute qualité, et à cette fin, pourriez-vous nous laisser un commentaire sur Amazon.com ?

Il suffit d'utiliser le lien ci-dessous, de faire défiler les 3/4 de la page et vous verrez des images similaires à celle ci-dessous.

Nous vous sommes extrêmement reconnaissants de votre

aide. Nous vous prions d'agréer, Madame, Monsieur,

l'expression de nos salutations distinguées,

Brian Mahoney
MahoneyProducts Publishing

Vous pourriez aussi apprécier :

Comment obtenir de l'argent pour la création d'une petite entreprise : Comment obtenir de l'argent en masse grâce au crowdfunding, aux subventions et aux prêts du gouvernement

https://rb.gy/9qjcv

ou

www.amazon.com/dp/1951929144